COMPRENDRE VOTRE esprit et votre corps

Les troubles de la parole

AJ Knight

Explorez d'autres livres sur:
WWW.ENGAGEBOOKS.COM

VANCOUVER, B.C.

e WWW.ENGAGEBOOKS.COM

Les troubles de la parole: Comprendre votre esprit et votre corps
Knight AJ -
Texte © 2024 Engage Books
Conception © 2024 Engage Books

Édité par: A.R. Roumanis, Ashley Lee, Melody Sun et Sarah Harvey
Conception par: Mandy Christiansen
Traduire: Amanda Yasvinski
Relectrice: Vicky Frost

Texte en Montserrat Regular.
Titres de chapitre définis dans Hobgoblin.

PREMIÈRE ÉDITION / PREMIER TIRAGE

Ce livre n'est pas destiné à remplacer les conseils d'un professionnel de la santé ni à être un outil de diagnostic. Il s'agit d'un outil pédagogique destiné à aider les enfants à comprendre ce qu'eux-mêmes ou d'autres personnes vivent.

Tous les efforts raisonnables ont été faits pour contacter les détenteurs des droits d'auteur de tout le matériel reproduit dans ce livre.

CATALOGAGE AVANT PUBLICATION DE BIBLIOTHÈQUE ET ARCHIVES CANADA

Titre: Les troubles de la parole / AJ Knight.
Autres titres: Speech disorders. Français
Noms: Knight, AJ, auteur.
Description: Mention de collection: Comprendre votre esprit et votre corps | Traduction de : Speech disorders.

Identifiants: Canadiana (livre imprimé) 20240378091 | Canadiana (livre numérique) 20240378113 |
ISBN 978-1-77878-409-5 (couverture rigide)
ISBN 978-1-77878-410-1 (couverture souple)
ISBN 978-1-77878-412-5 (pdf)
ISBN 978-1-77878-411-8 (epub)

Vedettes-matière:
RVM: Troubles de la parole chez l'enfant—Ouvrages pour la jeunesse.
RVM: Orthophonie pour enfants—Ouvrages pour la jeunesse.
RVM: Troubles de la parole—Ouvrages pour la jeunesse.
RVMGF: Livres documentaires pour la jeunesse.

Classification: LCC RJ496.S7 K6514 2024 | CDD J618.92/855—DC23

Ce projet a été rendu possible en partie grâce au gouvernement du Canada.

Canada

Contenu

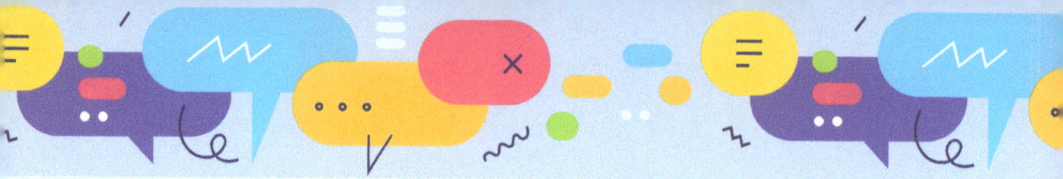

Que sont les troubles de la parole ?

Les troubles de la parole affectent la façon dont les gens parlent. Ils savent peut-être quoi dire mais ont du mal à émettre les bons sons. Les personnes de tout âge peuvent souffrir de troubles de la parole.

De nombreuses personnes confondent troubles de la parole et troubles du langage. Les personnes souffrant d'un trouble du langage ont du mal à comprendre ce que veulent dire les autres et à faire comprendre leur propre signification aux autres. Cela ne pose aucun problème aux personnes souffrant de troubles de la parole.

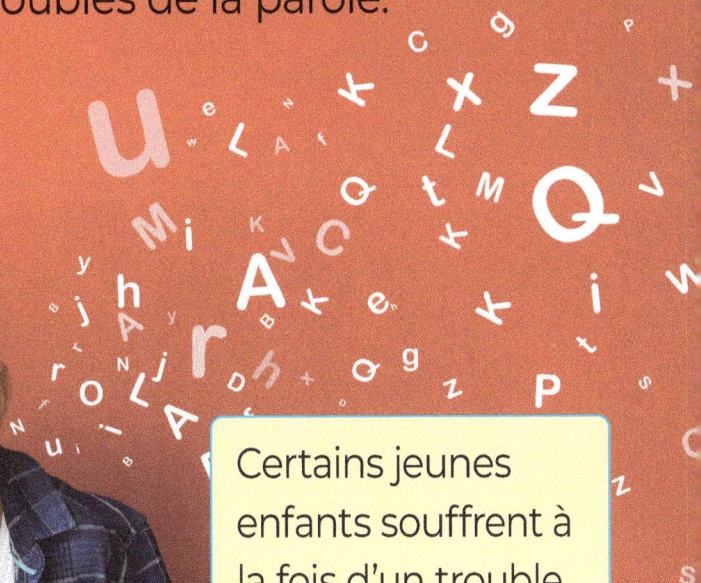

Certains jeunes enfants souffrent à la fois d'un trouble de la parole et d'un trouble du langage.

Types de troubles de la parole

Il existe de nombreux types de troubles de la parole. Certaines personnes peuvent avoir du mal à prononcer correctement les sons. Cela peut parfois rendre difficile pour les autres de comprendre ce qu'elles disent.

Certaines personnes souffrant de troubles de la parole peuvent avoir du mal à parler correctement. L'un des types de troubles de la parole les plus courants est le bégaiement. Les personnes qui bégaient peuvent commencer et arrêter de parler plusieurs fois. Elles peuvent également répéter certains sons ou mots.

« t-t-t-tu v-v-veux aller au p-parc parc ? »

Comment les troubles de la parole affectent-ils votre corps ?

Certaines personnes naissent avec un trouble de la parole. Ces troubles de la parole peuvent être transmis de parent à enfant. D'autres troubles de la parole peuvent se passer quand une personne vieillit.

Certains troubles de la parole sont causés par des blessures. Une blessure est quand le corps de quelqu'un est blessé. Une personne peut souffrir d'un trouble de la parole en raison de lésions cérébrales ou d'une perte auditive.

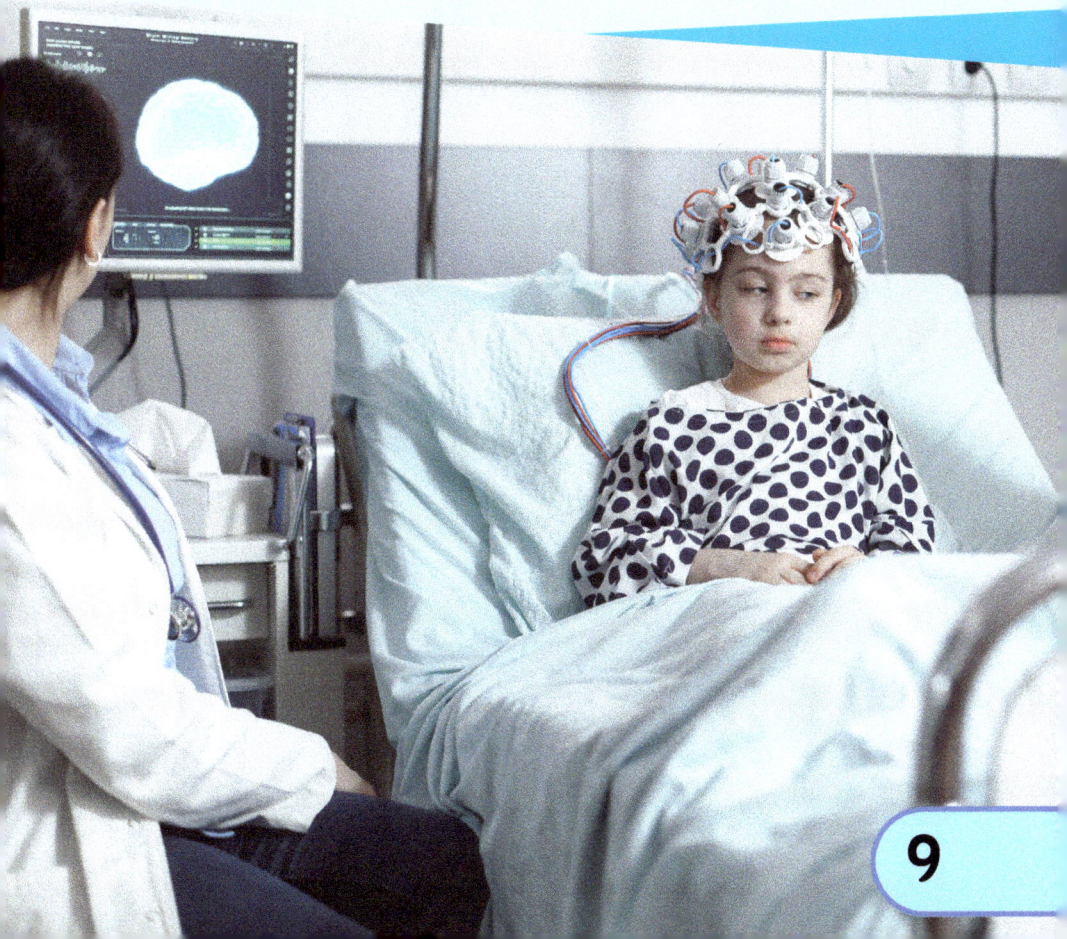

Comment les troubles de la parole affectent-ils votre cerveau ?

Les troubles de la parole n'ont pas souvent d'effet sur le cerveau. Mais le cerveau peut avoir un effet sur la façon dont une personne parle. La parole est principalement contrôlée par une partie du cerveau appelée le télencéphale. Les dommages causés à cette zone peuvent parfois provoquer des troubles de la parole.

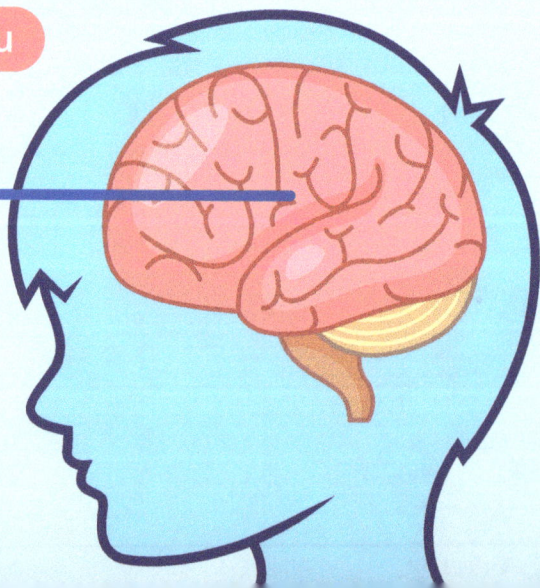

Le cerveau

Avoir un trouble de la parole peut affecter la santé mentale d'une personne. Elles peuvent se sentir mal dans leur peau ou devenir gênées. Certaines personnes peuvent ressentir de **l'anxiété**.

MOT-CLÉ

Anxiété : sentiments d'inquiétude et de peur difficiles à contrôler.

Comment les troubles de la parole affectent-ils votre corps ?

Certaines personnes souffrant de troubles de la parole ont des difficultés à contrôler certaines parties de leur bouche. Elles ne seront peut-être pas capables de faire ce qu'elles veulent avec leur langue. Parfois, **les muscles** de la bouche d'une personne ne sont pas assez forts pour lui permettre de parler clairement.

MOT-CLÉ

Les muscles : parties du corps qui aident les personnes et les animaux à bouger.

Certaines personnes souffrent de troubles de la parole car une partie de leur visage est paralysée. Être paralysé signifie qu'une personne ne peut pas bouger une partie de son corps. Ceci est souvent causé par une blessure.

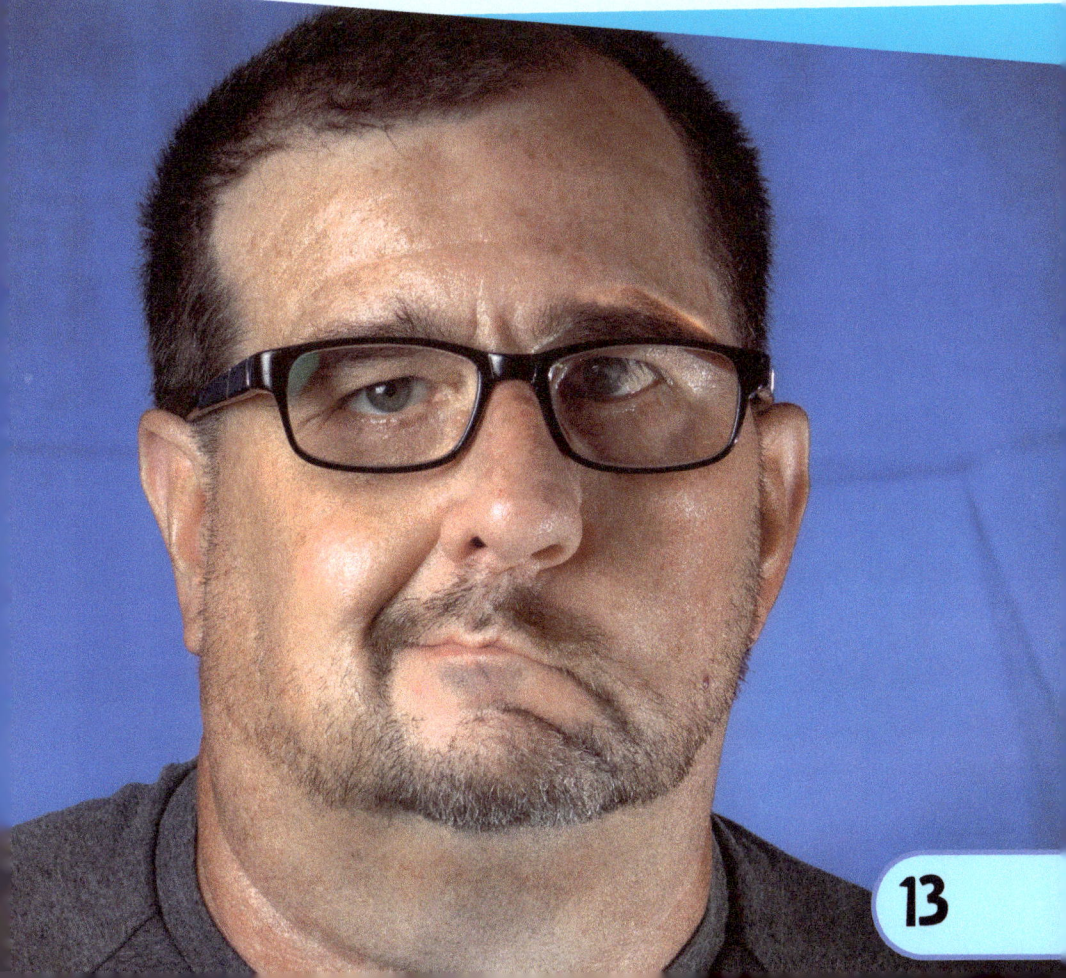

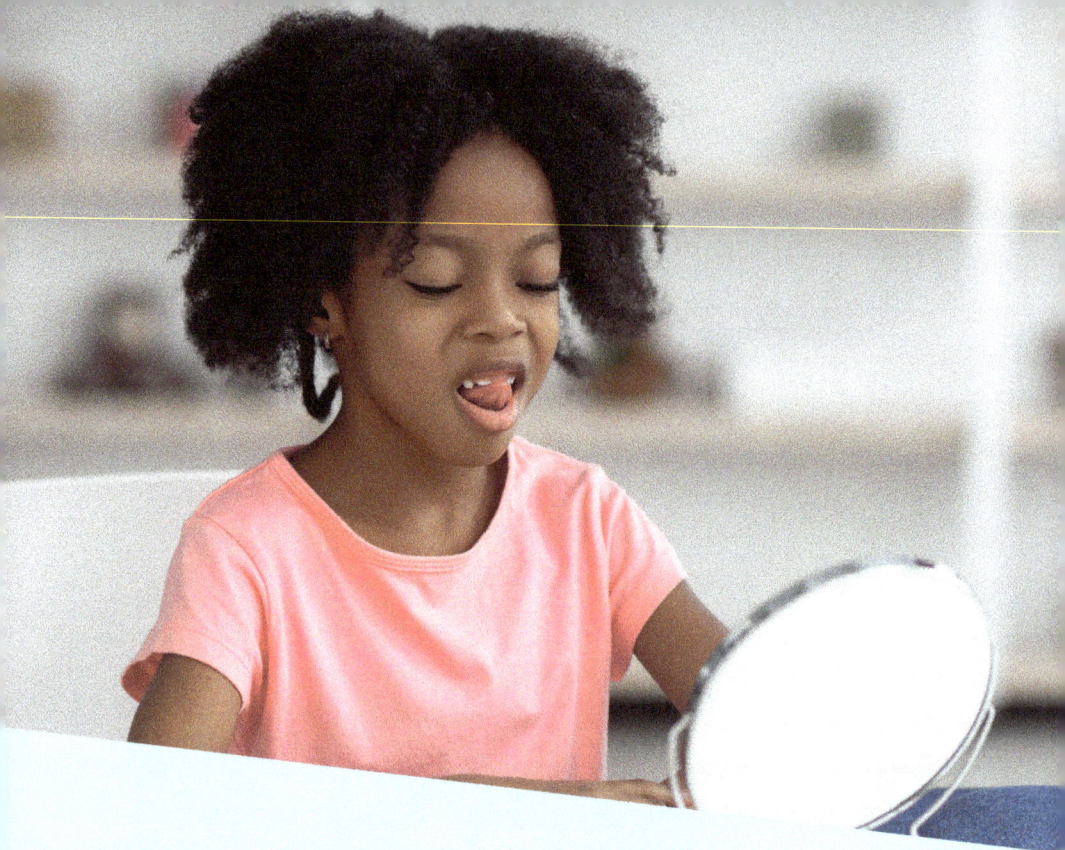

Les troubles de la parole disparaissent-ils ?

Certains troubles de la parole disparaissent d'eux-mêmes. D'autres ne disparaissent pas. Une personne peut avoir un trouble de la parole toute sa vie.

Alors que la plupart des enfants qui ont un bégaiement perdront leur bégaiement lorsqu'ils seront plus âgés, environ un sur quatre bégaiera toute sa vie.

Certaines personnes souffrant de troubles de la parole peuvent avoir besoin de l'aide d'un orthophoniste. Les orthophonistes sont formés pour aider les personnes souffrant de troubles de la parole et du langage. Les orthophonistes aident les gens en leur parlant, en jouant à des jeux ou en leur faisant faire des exercices.

Demander de l'aide

Demander de l'aide peut faire peur. Trouvez un adulte avec qui vous vous sentez à l'aise pour parler. Il y a beaucoup de gens qui veulent aider !

« Je sais quel mot je veux dire, mais je n'arrive pas à me forcer à le dire. Pourquoi les mots ont-ils l'impression d'être coincés dans ma gorge ? »

« Je pense que j'ai un bégaiement. Comment puis-je l'améliorer ? »

« J'ai l'impression de dire tout le temps des mots erronés. Cela me rend nerveux devant mes amis. Y a-t-il quelqu'un à qui je peux en parler ? »

Comment aider les autres souffrant de troubles de la parole

La lecture de ce livre et l'apprentissage des troubles de la parole constituent une première étape importante pour aider une personne souffrant d'un trouble de la parole. Comprendre ce qu'ils vivent vous aidera à les aider. Voici d'autres façons dont vous pouvez aider.

Ne juge pas

Soyez respectueux si quelqu'un vous parle de son trouble de la parole. Soyez gentil et ne les jugez pas s'ils font des erreurs. Les personnes souffrant de troubles de la parole sont aussi intelligentes que les autres.

Écouter

Les personnes souffrant de troubles de la parole peuvent être nerveuses à l'idée de parler devant d'autres. Gardez un contact visuel et hochez la tête pour qu'ils sachent que vous écoutez. Ce que quelqu'un dit est plus important que la façon dont il le dit.

Soyez patient

Donnez à la personne souffrant d'un trouble de la parole le temps de parler. Essayez de ne pas en parler ou de deviner la fin de leur phrase. Rester calme et détendu peut les aider à se sentir plus à l'aise.

L'histoire des troubles de la parole

Samuel Potter était un médecin qui bégayait. Il a écrit l'un des premiers livres américains sur les troubles de la parole en 1882. Son livre a encouragé d'autres médecins à faire plus pour aider à traiter les troubles de la parole.

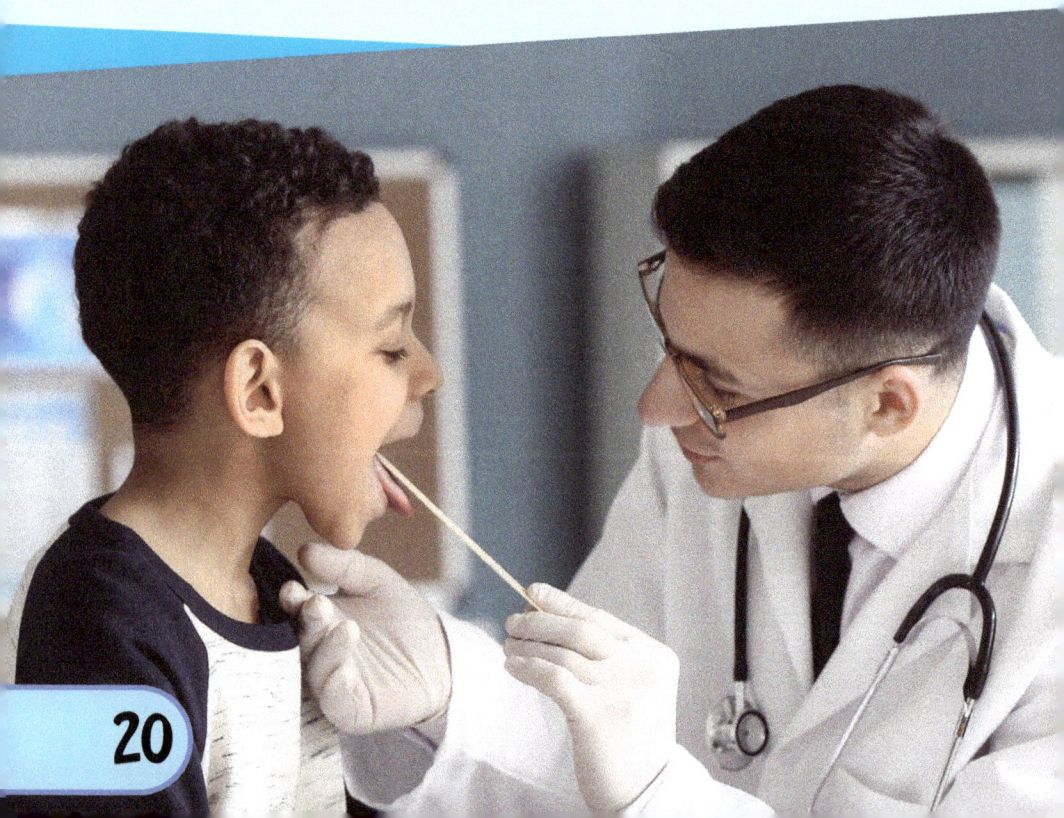

Sara Mae Stinchfield Hawk était
une médecin qui étudiait la parole.
Elle était l'une des 25 personnes qui
ont fondé l'American Speech and
Hearing Association (ASHA) en 1925.
En 2023, l'ASHA comptait environ
228 000 membres.

De nombreux soldats sont revenus de
la Seconde Guerre mondiale
avec des lésions cérébrales
entraînant des troubles
de la parole. Pour cette
raison, les gens ont
commencé à étudier
comment le cerveau
affecte la parole. Pendant
ce temps, les tests de troubles
de la parole se sont améliorés.

Les super-héros des troubles de la parole

Avoir un trouble de la parole ne doit pas nécessairement vous empêcher de faire les choses que vous aimez. De nombreuses personnes souffrant de troubles de la parole accomplissent de grandes choses. Découvrez ces super-héros des troubles de la parole qui sont prêts à partager leurs expériences !

James Earl Jones était la voix de Dark Vador dans les films Star Wars. Il est devenu non verbal lorsqu'il était enfant parce que son bégaiement le rendait nerveux devant les autres. Lire de la poésie à voix haute l'a aidé à lutter contre son bégaiement.

MOT-CLÉ

Non verbal : incapable de communiquer en écrivant ou en parlant.

L'actrice **Emilia Clarke** ne pouvait plus parler clairement après avoir subi deux lésions cérébrales. Sa parole est revenue après une semaine et elle a pu continuer à jouer. Emilia a lancé un groupe appelé SameYou pour collecter des fonds pour les personnes qui guérissent de blessures comme la sienne.

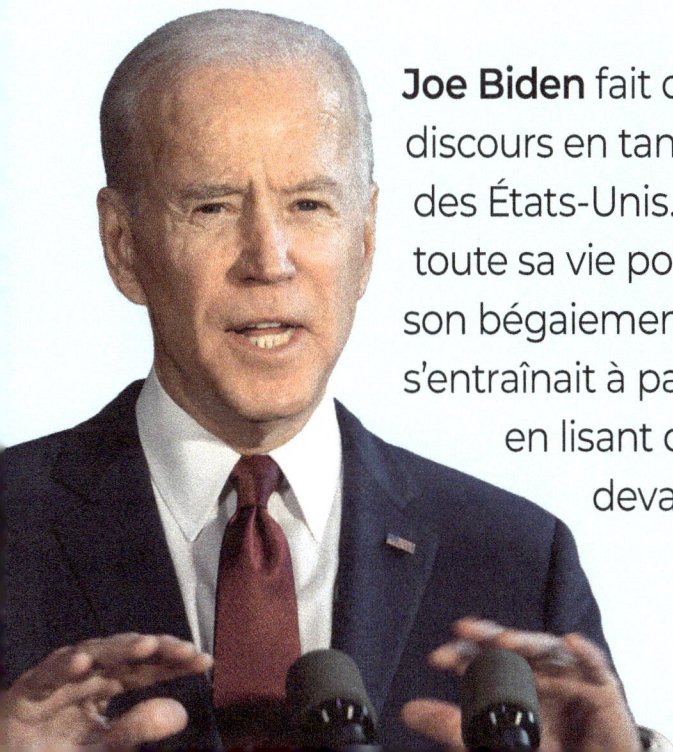

Joe Biden fait de nombreux discours en tant que président des États-Unis. Il a travaillé toute sa vie pour vaincre son bégaiement. Enfant, Joe s'entraînait à parler clairement en lisant de la poésie devant un miroir.

Astuce 1 pour les troubles de la parole : S'accepter

Il n'y a rien de mal à avoir un trouble de la parole. Faire des erreurs fait partie de la vie. Il n'est jamais acceptable que quiconque vous rende triste à cause de votre trouble de la parole.

Découvrez ce qui vous aide à vous sentir plus en confiance lorsque vous parlez. Prenez un moment pour planifier ce que vous êtes sur le point de dire. Certaines personnes trouvent que prendre quelques respirations profondes et parler lentement les aide.

> Assurez-vous de dire à un adulte si quelqu'un est méchant avec vous.

Astuce 2 pour les troubles de la parole : Demander de l'aide

Demandez à un ami ou à un membre de votre famille de s'entraîner à parler ensemble. Passez en revue tous les mots que vous trouvez difficiles. Il peut être utile de prononcer les mots en se regardant dans un miroir ou de les écouter sur un enregistrement.

Demandez à un adulte de trouver un orthophoniste. Vous et l'orthophoniste pouvez travailler ensemble pour trouver ce qui vous aide. **Un conseiller** peut également être utile si vous vous sentez nerveux à l'idée de parler devant les autres.

MOT-CLÉ

Un conseiller : une personne qui donne des conseils aux autres.

Astuce 3 pour les troubles de la parole : Se connecter avec les autres

De nombreuses personnes dans le monde souffrent de troubles de la parole. Essayez de vous connecter avec certains d'entre eux ! Construire votre propre communauté peut être un excellent moyen de partager vos expériences.

Les amis, la famille et les camarades de classe peuvent tous faire partie de votre communauté. Si vous n'avez personne dans votre région, essayez de rechercher des groupes en ligne. Demandez à un adulte de vous aider à trouver un groupe de troubles de la parole pour les enfants de votre âge !

Quiz

Testez vos connaissances sur les troubles de la parole en répondant aux questions suivantes. Les questions sont basées sur ce que vous avez lu dans ce livre. Les réponses se trouvent au bas de la page suivante.

1 Avec quoi beaucoup de gens confondent-ils les troubles de la parole ?

2 Quel est l'un des types de troubles de la parole les plus courants ?

3 Peut-on naître avec un trouble de la parole ?

4 Par quelle partie du cerveau la parole est-elle principalement contrôlée ?

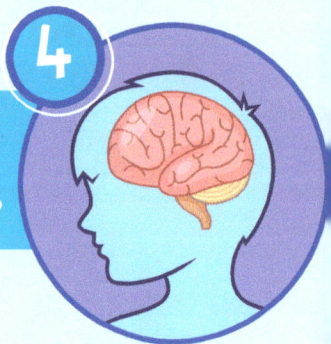

5 Pour quoi les orthophonistes sont-ils formés ?

6 Qui a écrit l'un des premiers livres américains sur les troubles de la parole ?

Découvrez d'autres lecteurs de niveau 3.

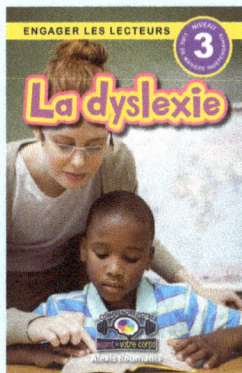

ENGAGER LES LECTEURS — NIVEAU 3

L'anxiété

ENGAGER LES LECTEURS — NIVEAU 3

L'asthme

ENGAGER LES LECTEURS — NIVEAU 3

L'autisme

ENGAGER LES LECTEURS — NIVEAU 3

L'image corporelle

ENGAGER LES LECTEURS — NIVEAU 3

L'obésité

ENGAGER LES LECTEURS — NIVEAU 3

La dyslexie

ENGAGER LES LECTEURS — NIVEAU 3

La perte de vision

ENGAGER LES LECTEURS — NIVEAU 3

Le diabete

ENGAGER LES LECTEURS — NIVEAU 3

Perte auditive

Visite www.engagebooks.com/readers

Réponses:
1. Les troubles du langage 2. Le bégaiement 3. Oui
4. Le cerveau 5. Pour aider les personnes souffrant de
troubles de la parole et du langage 6. Samuel Potter

www.ingramcontent.com/pod-product-compliance
Lightning Source LLC
Chambersburg PA
CBHW051238020426
42331CB00016B/3429